AF193323

Ángel y sus amigos del bosque

Ángel y sus amigos del bosque

Rosa María Pérez Pepullo

Círculo Rojo
EDITORIAL

Primera edición: agosto 2024

ISBN: 978-84-1082-423-2

Impresión y encuadernación: Editorial Círculo Rojo

© Del texto: Rosa María Pérez Pepullo
© Maquetación y diseño: Equipo de Editorial Círculo Rojo

Editorial Círculo Rojo
www.editorialcirculorojo.com
info@editorialcirculorojo.com

Impreso en España — Printed in Spain

Editorial Círculo Rojo apoya la creación artística y la protección del copyright. Queda totalmente prohibida la reproducción, escaneo o distribución de esta obra por cualquier medio o canal sin permiso expreso tanto de autor como de editor, bajo la sanción establecida por la legislación.
Círculo Rojo no se hace responsable del contenido de la obra y/o de las opiniones que el autor manifieste en ella.

El papel utilizado para imprimir este libro es 100% libre de cloro y por tanto, **ecológico**.

Dedicado a toda mi familia,
que siempre ha creído en mí

Ángel y sus amigos del bosque es un breve recopilatorio de algunos de mis cuentos. Espero que os gusten.

LOS AMIGOS DE ÁNGEL

Ángel era un niño de siete años con cuatro amigos muy especiales: un elfo de la luz, que vivía en el bosque; una sirena llamada Susan; la salamandra, que era la que tenía más valor del grupo y la más atrevida, siempre se estaba metiendo en líos; y un hada de tierra. Los cinco se pasaban las tardes imaginando aventuras y jugando, hasta que una mañana Ángel desapareció. Nadie sabía dónde podría estar. Sus amigos se reunieron para ir a buscarle. Al cabo de unas horas, lo encontraron en el fondo de un pozo. Intentaron sacarle, pero al no poder, pensaron que lo mejor sería ir a buscar a su abuelo para que los ayudase. Fueron hasta un río donde él estaba pescando. La sirena se acercó al bote y le dijo:

—Ven al bosque, Ángel se ha caído a un pozo.

Él no le hizo mucho caso a lo que había visto, pensó que era producto de su imaginación, por lo que el elfo desesperado se le apareció para pedirle ayuda. Incrédulo frente a lo que estaba viendo, volvió a la orilla. Una vez ahí, el hada de tierra le pidió que la acompañase. Asustado salió corriendo, en la cabaña encendió la chimenea y, cuando se dio la vuelta, vio a la salamandra.

—No temas, tienes que ayudarnos, tu nieto está en peligro.

El abuelo muy preocupado llamó y buscó a su nieto por la cabaña, y cuando iba a salir, en la puerta le estaban esperando el hada, el elfo y la salamandra. Los tres le suplicaban que los siguiera y así lo hizo. Después de varias horas de andar por el bosque, llegaron hasta un viejo pozo cerca de un río. Desde ahí contemplaba la sirena como ayudaban al pequeño niño. Por fin el abuelo lo vio y consiguió sacarle de aquel pozo. Ya más tranquilos, el abuelo del niño le preguntó que quién eran todos esos seres y él le respondió:

—Son mis amigos del bosque.

ÁNGEL Y EL HADA QUE NO SABÍA VOLAR

Ángel se levantó y corrió hacia la ventana de aquel viejo hotel y cuál fue su sorpresa cuando vio en el suelo a una pequeña hada llorando.

—¿Qué te ocurre? ¿Por qué lloras? —le preguntó el niño.

—No sé volar —respondió la pequeña hada.

—No te preocupes —le contesto Ángel—, yo te enseñaré.

Ángel cogió al hada y la metió en uno de los cajones de su ropa. Dejó el cajón un poco abierto para que pudiera respirar y fue corriendo a buscar unas chocolatinas que había comprado para dárselas al hada.

—Yo tengo una amiga hada como tú que vive en el bosque, ¿quieres tú también ser mi amiga? —le preguntó el niño a la pequeña hadita.

—Sí —le contestó.

Cada mañana Ángel se levantaba algo más temprano que sus padres y cogía con cuidado a su mágica amiga y con las manos la impulsaba hacia arriba. Momentos antes de hacer esto, había colocado algunos cojines en el suelo de su habitación para evitar que se hiciera daño al caer, lo cual causaba extrañeza en su madre cada vez que iba a verlo. De repente Ángel se dio la vuelta y encontró frente a él a cinco hadas más que lo miraban muy enfadadas señalando a su pequeña amiga.

—¿Cómo has podido mostrarte ante este humano? —le decían.

—No te preocupes —respondía la joven hada—, es mi amigo.

Ángel sonrió y les dijo:

—No voy a haceros daño, yo tengo una amiga como vosotras en el bosque donde vive mi abuelo.

Las hadas se miraron entre sí y, aunque desconfiaban, le permitieron ser su amigo.

—Él se ha ofrecido a ayudarme a volar —le contaba la hadita.

Solo quedaban dos días para que Ángel tuviera que irse, pero él estaba empeñado en que su pequeña amiga aprendiera a volar y fingió un dolor de estómago para no salir de su habitación y así poder ayudar a su hadita. Una y otra vez el niño la impulsaba con sus manos hacia arriba para que ella cogiera fuerzas y así pudiera volar. La noche antes de irse, Ángel seguía en su empeño por ayudar a su joven amiga. Entonces entró su padre para darle el beso de buenas noches. Y el niño le preguntó:

—Papá, ¿cómo puedo ayudar a una amiga para que consiga volar?

El padre sonrió y le dijo:

—Si deseas algo con tu corazón y cierras los ojos, podrás conseguirlo todo.

—Gracias, papá, eso haré —le respondió el niño, y cuando salió de la habitación le pidió al hada que hiciera lo que había dicho su padre.

Su joven amiga cerró los ojos y deseó con todo su corazón poder volar. Ángel la impulsó hacia arriba con sus manos y por fin lo consiguió. A la mañana siguiente, el niño se despidió de su pequeña amiga y de la mágica ciudad en la que había vivido otra maravillosa aventura.

EL SECRETO DE LA SALAMANDRA

Ángel paseaba por el bosque como cada mañana cuando se encontró con su amiga la salamandra Luna.

—¿Dónde vas? —le preguntó.

—No voy a ningún sitio, solo paseo como tú —le respondió la salamandra.

Ángel se quedó pensativo, le pareció muy raro que su amiga Luna se fuera tan rápido y estuviera tan nerviosa con él.

Era ya tarde y Ángel volvía junto a su abuelo cuando se encontró con David, su amigo, el elfo de la luz, que estaba cantando.

—Hola, David, cómo me alegro de verte —dijo Ángel—. Me encanta lo que cantas, ¿cómo se llama tu nueva canción?

—Aún no le he puesto nombre. —Y salió corriendo.

—¿Por qué corres? —le preguntó Ángel sorprendido.

—Lo siento, llego tarde —le respondió David.

Al día siguiente, el pequeño Ángel jugaba en el bosque como cada mañana cuando se encontró con Susan, la sirena, y le preguntó:

—¿Tú sabes qué le pasa a Luna, la salamandra?

—No, ¿por qué? —le respondió la sirena.

—Es que estaba muy rara ayer y también David casi no hablaba conmigo.

—No te preocupes, Ángel —le dijo sonriendo la sirena—. No será nada.

Por la tarde, la pequeña hada llamada Kameli llamó a Ángel, que estaba dormido debajo de un árbol en el bosque.

El pequeño sobresaltado se despertó y fue corriendo junto a su amiga hasta su lugar favorito del bosque, un sitio lleno de flores y de mariposas donde a él le gustaba jugar durante horas.

Allí se encontró a todos sus amigos, que querían darle una sorpresa por su cumpleaños.

David le había compuesto una canción, Susan le había traído una caracola y Kameli le había traído su flor favorita.

—¿Pero dónde está Luna? —preguntó el pequeño.

—Por ahí viene —le respondió su amiga la sirena—. Ella lo ha organizado todo, quería darte una sorpresa por tu cumpleaños y nos ha reunido a todos y a tu abuelo.

Este llegaba con una tarta de chocolate, que era la favorita de Ángel.

El pequeño estaba tan feliz que no podía creérselo. Abrazó a su abuelo y se pasó toda la tarde jugando con todos sus amigos del bosque.

LA MARIPOSA ATRAPADA

Era una calurosa mañana de verano y llamaron a la puerta de la cabaña del abuelo de Ángel. Eran unos nuevos vecinos que se estaban presentando.

Tenían un niño de la misma edad que el pequeño Ángel. Él fue a saludarlo, pero no era muy simpático. Su nuevo vecino apenas le había hablado y se limitaba a mirar su móvil sin apenas sonreírle.

Los nuevos vecinos los invitaron a cenar y, mientras su abuelo hablaba con los padres del nuevo vecino, Ángel se fue al cuarto del niño. No podía creer lo que estaba viendo, tenía a una mariposa encerrada en una jaula.

Al darse la vuelta, vio al niño tan antipático que le dijo:

—Vete de mi cuarto.

Ángel le preguntó por qué tenía a la mariposa encerrada y el niño se rio y le dijo:

—No sé, me divierte verla así.

El pequeño no podía entender por qué hacía algo así y se lo contó a sus amigos del bosque.

—Tenemos que hacer algo para salvar a esa mariposa —dijo Luna, la salamandra.

—Sí, tenemos que pensar algo. Dile que venga a jugar contigo mañana al bosque —dijo David, su amigo el elfo.

—Sí, vale, se lo diré —le respondió Ángel.

—Mientras está distraído contigo, nosotros podemos entrar en su habitación y liberar a la mariposa —dijo Kameli, su amiga el hada.

—Sí, eso sería genial —dijo Ángel.

A la mañana siguiente y después de insistir varias veces, Ángel consiguió que su antipático vecino le acompañara al bosque, pero su vecino se aburría, no era como él, que disfrutaba de la naturaleza, y se fue corriendo, con tan mala suerte que se cayó y se quedó atrapado entre dos ramas. Ángel fue a ayudarlo, pero las ramas pesaban mucho y no podía levantarlas. Asustado fue corriendo a pedirle ayuda a su abuelo y entre los dos pudieron sacarlo de entre las ramas.

Ángel solo pensaba en aquella mariposa que aún seguía atrapada y si sus amigos habrían podido salvarla.

Cuando llevaron a su vecino a su cabaña y Ángel se dio cuenta de que por fin sus amigos habían podido liberar aquella preciosa mariposa, se alegró.

El vecino antipático estaba muy enfadado al ver que se había escapado de la jaula su mariposa y Ángel le dijo:

—¿Recuerdas cómo te has sentido cuando estabas atrapado? Pues tu mariposa se sentía igual.

—Has sido tú —le dijo gritándole.

—No, han sido mis amigos del bosque —dijo Ángel sonriendo.

LA CUEVA ENCANTADA

Un día más se les había hecho de noche jugando en el bosque a Ángel y a sus amigos.

De camino a la cabaña de su abuelo, Luna, la salamandra, decidió cambiar de camino y todos la siguieron.

—Está muy oscuro, no veo nada —dijo Ángel.

—No te preocupes —dijo Kameli, el hada—. Les diré a las luciérnagas que nos iluminen el camino.

Y así fue, hasta que David, el elfo, se paró de repente y dijo:

—¿Qué es eso? Parece una cueva.

—Sí, eso parece —dijo Ángel—. ¿Y si entramos?

Y todos un poco asustados entraron en esa cueva. Una vez dentro escucharon el ruido de lo que parecía agua. Era un pequeño río y de allí salió Susan, su amiga la sirena, y les dijo:

—Hola, chicos. ¿Qué hacéis aquí? ¿Cómo habéis encontrado esta cueva?

—Cambiamos de camino para llevar a Ángel a su cabaña y vimos esta cueva. ¿Cómo es que no nos habías hablado de esta cueva, Susan?

—Es que esta cueva es un poco especial.

—¿Y eso por qué lo dices? —le respondió Ángel.

—Es una cueva encantada, por eso no os dije nada.

Todos se quedaron muy sorprendidos al escuchar las palabras de Susan.

—Sí, es una cueva encantada porque, al entrar en ella, se para el tiempo y, cuando sales, es la misma hora a la que entraste.

—Eso es genial —dijo David—. Así podemos estar más tiempo jugando.

—Sí, pero esto no lo pueden saber los humanos, ni siquiera tu abuelo, Ángel.

—Sí, no te preocupes, no se lo diré a nadie.

El pequeño estaba tan feliz de poder estar más tiempo jugando con sus amigos del bosque que no podía creerse que estaba en una cueva encantada.

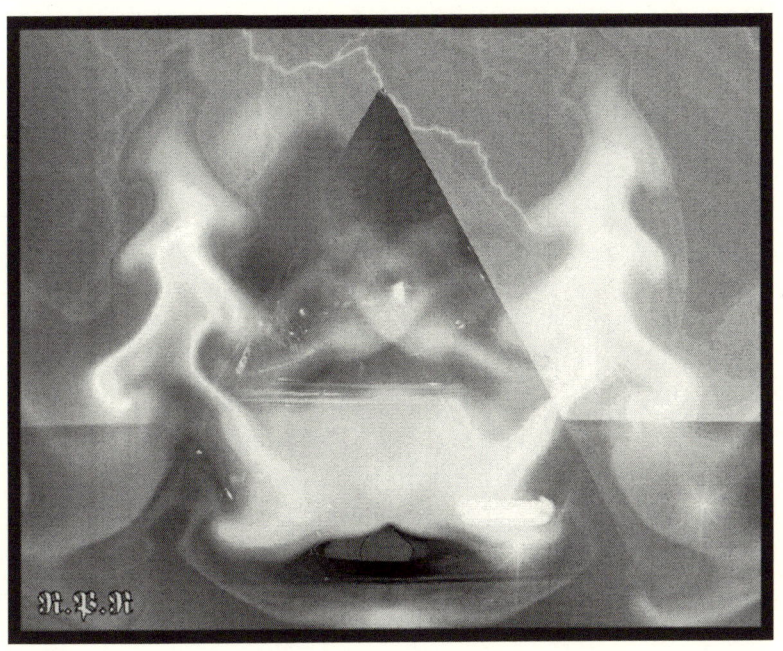

LA PIEDRA MÁGICA

Ángel miraba por la ventana de su habitación por la noche, no podía dormir, una pequeña luz de color azul parpadeaba a lo lejos en el bosque.

Al día siguiente, Ángel corrió al bosque para preguntarles a sus amigos si habían visto aquella luz azul que parpadeaba sin parar por la noche, pero ninguno la había visto.

Quizás había sido un sueño, pensó Ángel, pero esa misma noche pasó lo mismo y llamó a Kameli.

—Ven, corre.

Ella dormía junto a la puerta de la cabaña de su abuelo.

Asustada se apresuró a ir junto a Ángel y le preguntó:

—¿Qué te ocurre, pequeño? ¿Por qué gritas?

—Mira, ¿la ves? Ahí está esa luz de la que te hablé, no lo había soñado, era real.

—Sí, es verdad, yo también la veo. Corre, Ángel, vamos a ver qué es.

Justo antes de llegar, el niño se cayó y se hizo daño en una rodilla, pero al levantarse vio esa piedra y no pudo evitar cogerla. Brillaba mucho y Ángel solo podía mirarla.

Kameli, sorprendida, gritó:

—Mira, es increíble. Ángel, tu herida se ha curado.

—Sí, es verdad —dijo el pequeño al mirarse su rodilla—. ¿Cómo es posible? —le preguntaba a su amiga el hada.

—Es una piedra mágica, te ha elegido a ti para que tú puedas curar a todos los animales del bosque. Ángel estaba superfeliz, ahora podría curar a todos los animalitos del bosque.

—¿Y dónde la voy a guardar? —le preguntó a su amiga.

—Ya sé dónde podrías guardarla: en la cueva encantada, allí nadie podrá entrar.

—Sí, buena idea.

Y corriendo la llevó a su lugar secreto para luego volver a la cabaña de su abuelo supercontento después de haber vivido una nueva aventura.

Foto de: *Rosa Pérez Repollo*

MI NUEVO AMIGO

Ángel se bañaba en el río junto a Susan, su amiga la sirena, cuando escuchó un ruido que nunca antes había oído.

Entre los árboles parecía que se ocultaba un pequeño animalito que no se atrevía a salir.

Rápidamente el niño salió del agua y junto a sus amigos se propuso encontrar aquel animalito que se ocultaba tímidamente.

Y allí estaba, era un búho. Ángel entusiasmado intentó subirse al árbol para verlo mejor, pero el búho salió volando y, por mucho que él y sus amigos lo llamaron, no les hacía caso.

—Quizás si le dejamos un poco de comida, vuelva aquí —dijo su amigo David.

—Sí, vale, es una gran idea —dijo Ángel.

Al día siguiente no encontraron nada de la comida que le habían dejado.

—¿Y si nos quedamos aquí y nos turnamos para verlo? Podíamos hacer una acampada —dijo Ángel.

—Sí, vale, sería genial.

Durante horas vigilaban el sitio donde le dejaban la comida a aquel pequeño búho.

Hasta que por fin lo pillaron comiendo y, cuando se disponía a huir de nuevo por miedo, Ángel lo cogió con sus manos y le dijo:

—Tranquilo, no voy a hacerte daño.

—Tú puedes hablar con los seres del bosque —dijo el búho.

—Sí, y contigo también si tú quieres ser **nuestro amigo.**

—Me encantaría ser vuestro amigo, pero tenía miedo. Vengo de la ciudad y allí a los animales se los encierra en jaulas.

—Sí, lo sé —dijo Ángel—. No te preocupes, aquí estarás a salvo con nosotros.

El búho muy feliz les dio las gracias al niño y a todos sus nuevos amigos.

EL LABERINTO

Ángel y sus amigos jugaban en el bosque como cada día cuando de repente Kameli llegó corriendo y gritando les dijo a sus amigos:

—Hay un perro atrapado en un laberinto que han hecho los humanos, tenemos que ayudarlo a salir de allí.

—Ángel, Luna y David, podéis entrar en el laberinto. Búho y yo os podemos ayudar desde el cielo. Y dentro del laberinto hay un río, Susan podría llegar por allí hasta el perro.

—Sí, eso sería genial.

Ángel y todos sus amigos se pusieron en camino para entrar en ese laberinto y poder salvar a ese pequeño perrito que estaba atrapado allí sin poder salir.

Desde el cielo, Kameli y el búho le iban diciendo a Ángel si tenía que ir a la derecha o a la izquierda.

Y Luna, la salamandra, y David, el elfo, buscaban junto a Ángel al perrito.

Por fin, después de andar un buen rato, encontraron al perrito, que estaba muy asustado. Ángel lo cogió en sus brazos y se dieron la vuelta para poder salir siguiendo las indicaciones de sus amigos en el aire.

Y ya por fin consiguieron liberar al pequeño perrito que estaba atrapado en ese laberinto.

Feliz el perro les dio las gracias y se fue a su cabaña. Y una vez más Ángel y sus amigos habían conseguido ayudar a otro animalito del bosque.

NOCHE DE LLUVIA

Había llovido toda la noche y por la mañana llegó David, el elfo de la luz, muy triste y le dijo a Ángel:

—Mi casita se ha roto por culpa de la lluvia.

Ángel le dijo:

—No te preocupes, ahora mismo la volvemos a hacer entre todos.

El búho trajo algunas ramitas junto con su amiga el hada, y Ángel trajo un pequeño pañuelo que tenía en casa de su abuelo.

Y Luna, la salamandra, trajo unas pequeñas cuerdas que se había encontrado por el bosque.

Susan, la sirena, como no podía salir del río, esperaba impaciente para ver cómo había quedado la casita de David, y por fin terminaron de arreglarla. David estaba tan feliz que no podía creérselo, una vez más los pequeños amigos habían resuelto otro problema más en

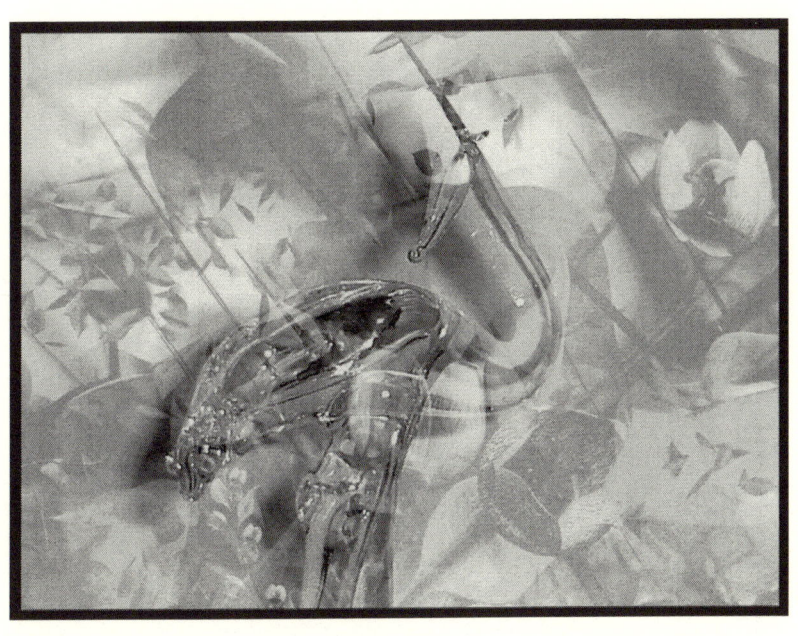

Rosa Pérez Repullo nace en Cabra (Córdoba) en 1971. Es profesora de piano.

Estudió con el catedrático D. Rafael Quero en el conservatorio superior de Córdoba. Formó parte de la Banda de Música de Cabra como saxofonista, grabando un álbum, y estuvo tres años como soprano del Centro Filarmónico de su ciudad, con el que grabó otro álbum y donde le dirigió el maestro Rodríguez.

Poemario titulado **Imborrable** en la editorial Círculo Rojo, 2023.

Publicaciones en la *Revista Saigón*:
— «La música», 6, p. 43. Poema.
— «El libro», 9, p. 19. Poema.
— Fotografía de un acto en el número 12.

HA PUBLICADO TAMBIÉN…
— Poesía y prosa en revistas como *La Iguana*. Revista digital de poesía, *Azul Arte, Altura*. Revista independiente de espacio creativo, *Minatura, ¡Viva Lucena!, ¡Viva Cabra!, Poemas en añil, En sentido figurado, Foto DNG, Andalucía Liberal, Érase, Senderos Íberos* y *Aguamarina*, entre muchas otras.

— Fotografía en revistas como *Altura, Andalocio, Minatura, FotoDNG, Aldaba, ¡Viva Cabra!, Andalucía Liberal*. Suplemento de En sentido figurado y en el periódico *ABC*, entre muchas otras.

OTROS DATOS

— Ganadora de un premio por un poema para el perfume Par Amour de la revista *Cosmopolitan*.

— Ganadora de un concurso de fotografía como recurso turístico en el IX concurso de fotografía Ciudad de Cabra.

— Ganadora del premio a la mejor receta en la revista *Mía*.

Índice